La société sous-informée
L'essentiel, c'est ce que l'on ne vous dit pas

Questions Contemporaines
Collection dirigée par
B. Péquignot et D. Rolland

Chômage, exclusion, globalisation... Jamais les « questions contemporaines » n'ont été aussi nombreuses et aussi complexes à appréhender. Le pari de la collection « Questions Contemporaines » est d'offrir un espace de réflexion et de débat à tous ceux, chercheurs, militants ou praticiens, qui osent penser autrement, exprimer des idées neuves et ouvrir de nouvelles pistes à la réflexion collective.

Derniers ouvrages parus

Mikaël LACLAU, *Le Grand Plan : nouvelles stratégies de la globalisation capitaliste*, 2012.
Michel JUFFÉ, *Quelle croissance pour l'humanité ?*, 2012.
Daniel ESTEVEZ, *Représenter l'espace contemporain, Projets et expérimentations architecturales dans les aéroports*, 2012.
Stéphane JACQUOT, en collaboration avec Yves Charpenel, *La justice réparatrice*, 2012.
Emilie PICOU, *Démythifier la maternité. Concilier foi chrétienne et droit à l'avortement*, 2012.
Lukas STELLA, *L'invention de la crise. Escroquerie sur un futur en perdition*, 2012.
André ORTOLLAND, *Rétablir les finances publiques, garantir la protection sociale, créer des emplois*, 2012.
Linda CHAIB, *Citoyenneté, droit de vote local et immigration, Les expériences nord-américaine et française*, 2012.
Alain CLUZET, *Le climat sauvé par les villes ? Vers une solution européenne*, 2012.
Bernard LEGRAND, *Être chômeur aujourd'hui*, 2012.
Vivien PERREC, *Les Témoins de Jéhovah. Analyse psychosociale*, 2012.
Mustapha Baba-Ahmed, *Le néomonétarisme, stade suprême du capitalisme*, 2011.
Catarina CAMARINHAS, *L'Urbanisme de Lisbonne*, 2011.
Marc DELEPOUVE, *Une société intoxiquée par les chiffres*, 2011.
André ROPERT, *La gauche en France. Historique d'un enlisement*, 2011.
Kilien STENGEL, *Un ministère de la Gastronomie ? Et pourquoi pas !*, 2011.
Gilbert DELAGRANGE, *Le citoyen et le système politique*, 2011.

Joachim MARCUS-STEIFF

LA SOCIÉTÉ SOUS-INFORMÉE

L'essentiel, c'est ce que l'on ne vous dit pas

Avec la collaboration de
Houria BENBARKAT

L'Harmattan

Illustration de la couverture :
photographie par Michael Maggs de la sculpture de Hidari Jingoro (1594-1634), sanctuaire Töshögü à Nikkö (Japon).

Ce fichier et sa description proviennent de Wikimedia Commons (http://en.wikipedia.org/wiki/File:Three_Wise_Monkeys, Toshogu_Shrine.JPG#file) L'ensemble du contenu des projets Wikimédia est placé sous licence libre (http://fr.wikipedia.org/wiki/Licence_libre) et peut ainsi être réutilisé gratuitement et librement, commercialement ou non. Les textes sont placés sous licence CC-BY-SA (http://creativecommons.org/licenses/by-sa/3.0/deed.fr),tandis que les images ont des licences individuelles qui peuvent être consultées sur leur page de description respective.Michael Maggs précise qu'à condition de respecter les termes de la licence Wikimedia Commons, une autorisation écrite formelle n'est pas nécessaire pour utiliser la photo de la sculpture de Hidaro Jingaro qu'il a faite (http://commons.wikimedia.org/wiki/Template:MichaelMaggs/Licensing).

Photographie de la 4e de couverture : Daphné Doumergue.

© L'Harmattan, 2012
5-7, rue de l'École-Polytechnique ; 75005 Paris
http://www.librairieharmattan.com
diffusion.harmattan@wanadoo.fr
harmattan1@wanadoo.fr
ISBN : 978-2-296-96788-5
EAN : 9782296967885

Remerciements. Je remercie tous ceux et toutes celles qui m'ont aidé et encouragé. Ce livre ne serait pas ce qu'il est sans leurs lectures critiques et leurs suggestions de forme et de fond. Houria Benbarkat a été une collaboratrice compétente et lucide. Les conseils et commentaires pertinents de Françoise Laborie, Jocelyne Hatchuel, Jacqueline Roué, Jean-Pierre Peter, Marie-Hélène Cayrol et Georgina Le Bidan ont été très utiles. Je n'oublie pas Raoul Treigner qui, il y a dix ans, m'a fait découvrir les problèmes sanitaires des technologies de communication sans fil et leur dimension judiciaire. Un grand merci également à Bruno Péquignot et aux Éditions de L'Harmattan qui ont permis à ce livre hors des sentiers battus de voir le jour.

Le mot « information » possède, parmi beaucoup d'autres, deux acceptions incompatibles. Quand on dit de quelqu'un qu'il est informé, ou lorsque l'on parle de droit à l'information, on sous-entend que l'information en cause est exacte. Tout comme, quand il est question d'argent, il s'agit en principe d'argent valable, non de fausse monnaie. Dire que nous vivons dans la « société de l'information », c'est donner à croire que, dans notre société, chacun est correctement informé. En réalité, cette expression signifie seulement que notre société utilise les nombreuses technologies de l'information (télévision, câble, fibres optiques, informatique, Internet, multimédias, numérique, réseaux, etc.), c'est-à-dire un certain nombre d'équipements et de procédés susceptibles d'enregistrer, de conserver, de modifier ou de transmettre des signaux, des sons, des images et des messages dont l'intérêt ou la validité n'entre pas en ligne de compte dans la définition de la société de l'information.

Ce n'est pas parce que nous sommes quasi instantanément au courant d'une catastrophe qui se produit à l'autre bout de la planète, ou que *France-Info* nous communique dix fois par jour les cours de la bourse et les résultats des courses, que nous connaissons les agents chimiques qui sont dans notre assiette ou ce qui se passe à tous les niveaux du pouvoir dans notre pays. L'accessible tend à être l'accessoire et l'acceptable. Nous sommes sous-informés parce qu'une information répondant aux besoins de la majorité des citoyens n'est pas dans l'intérêt de ceux qui contrôlent l'essentiel du système d'information de la société dans laquelle nous vivons.

Le mot « information » n'a d'ailleurs pas le même sens quand on parle de *sur* et de *sous*-information : dans le premier cas, on se réfère à l'ensemble des messages et discours – que leur contenu soit exact, faux ou sans importance – et, dans le second, aux seules informations exactes et utiles. Comme pour nommer le vrai et le faux, il faudrait des termes différents pour désigner l'information censée être fiable et l'information tenue pour quelconque ou éventuellement fausse. La société dite de l'information est une société surinformée en apparence et sous-informée en réalité : la surinformation visible masque l'insuffisance d'information utile, voire indispensable.

L'ambiguïté du mot « information » n'est probablement pas étrangère au succès de la théorie de l'information. Dans les termes de Mandelbrot – un mathématicien connu : « On peut d'ailleurs se demander si la théorie de l'information aurait joué le grand rôle qui a été le sien si elle avait porté un nom moins alléchant »[1]. Comme le dit plus clairement encore Heinz von Foerster, professeur émérite de biophysique et de génie électrique aux Etats-Unis à l'Université d'Illinois : la dénomination « théorie de l'information » est trompeuse.[2] La « théorie de l'information » n'est, en aucune façon, une théorie générale de la production, de la médiation et de l'utilisation des connaissances et des contenus de l'information. Une telle théorie générale conduit à poser des questions sur non seulement les contenus (le texte), mais aussi leur contexte humain, économique et social : « Qui parle, qui paie et comment l'information a-t-elle été obtenue ? »

Cette ambiguïté du mot « information » tend à substituer une définition descriptive par le support (l'information, c'est tout ce qui est immatériel mais peut être informatisé, c'est-à-dire codé sous forme de 0 et de 1, traité, enregistré ou transmis par des moyens matériels) à une définition normative par le contenu, ou plutôt par une caractéristique particulière de ce contenu –, l'exactitude.

Une telle ambiguïté n'est pas innocente : le fait d'utiliser le même mot pour désigner tantôt l'information souhaitée quand on veut savoir ou faire savoir, c'est-à-dire la seule information

---

[1] *Le Concept d'information dans la science contemporaine*, Les éditions de Minuit / Gauthier-Villars, 1965, p. 91.
[2] Foerster, H. von, "Epistemology of communication" *in* Woodward, K. (dir.), *The Myths of Information: Technology and Postindustrial Culture*, Londres, Routledge and Kegan Paul, (Theories of Contemporary Cultures), 1981, p. 20 ; cf. Marcus-Steiff, J., 1986, « L'ambiguïté du mot "information" ou : les enjeux du vocabulaire » *in* Laulan, A.-M. (dir.), *L'espace social de la communication (concepts et théories)*, Paris, Retz, sd [1986], p. 91-114.

exacte, tantôt n'importe quel contenu ou message, c'est-à-dire toute information produite, enregistrée, modifiée ou transmise, tend à abolir la distinction entre ces deux types d'information, à confondre le vrai et le faux, l'apparence et la réalité, l'utile et l'inutile, l'information scientifique et la publicité.

À la limite, tous les discours se valent, et les notions de vérité et de pertinence disparaissent, au bénéfice des producteurs et diffuseurs d'information quelconque puisque cette confusion leur permet, le cas échéant, de faire passer tout discours ou message pour une information exacte. Il ne s'agit donc pas d'un détail ou d'une question de vocabulaire, mais de la possibilité de penser et de poser correctement les problèmes de la connaissance et de l'information.

Finalités et modalités de la production des contenus de l'information

En 1914, raconte Walter Lippmann (1889-1974), le célèbre écrivain et journaliste américain, il y avait une île, isolée du reste du monde, dans laquelle vivaient quelques Anglais, quelques Français et quelques Allemands. Les nouvelles du reste du monde ne leur parvenaient que par un bateau qui passait tous les deux mois. A la mi-septembre, lors de l'arrivée de ce bateau, ils apprirent que les Anglais et les Français étaient entrés en guerre contre les Allemands. Ils s'étaient, pendant six semaines, comportés entre eux comme s'ils étaient amis alors que, officiellement, ils étaient devenus ennemis : ils continuaient à se fier aux images qui étaient dans leur tête, même si ces images ne correspondaient plus à la réalité légale.[3]

Cet exemple montre, précise Walter Lippmann, à quel point notre connaissance du monde dans lequel nous vivons est indirecte : lorsque nous croyons que la représentation que nous en avons est exacte, nous agissons comme s'il s'agissait de notre environnement réel. Avec son tableau représentant une pipe de

---

[3] Lippmann, W, *Public opinion*, New York, Harcourt, Brace and Company, 1922.

manière extrêmement réaliste et intitulé « *Ceci n'est pas une pipe* », Magritte a, lui aussi, illustré le risque de confusion entre la réalité et sa représentation.

L'homme des sciences du comportement (c'est-à-dire l'homme tel que le voient les sciences du comportement), disent Berelson et Steiner dans leur inventaire des découvertes scientifiques relatives au comportement humain, est un être qui fabrique sa propre réalité : quand il ne peut pas « faire cadrer la réalité objective avec ses besoins ou ses préférences en modifiant cette réalité, il a tendance à prendre l'autre chemin, c'est-à-dire à transformer ses désirs ou sa perception »[4]. La subjectivité prend la place de l'objectivité. On trouve de nombreux exemples de ce phénomène dans la littérature, les ouvrages de psychologie et le langage courant : « Trouver les raisins trop verts », « Prendre ses désirs pour des réalités ».

Information en soi, information pour soi et information pour autrui

L'information peut être conçue comme un simple reflet, un double abstrait et théorique du monde réel, ou comme une production humaine aléatoire et contingente. Dans le premier cas, il s'agit de *La* Vérité d'un objet de connaissance, d'une représentation complète et fidèle, parfaitement et totalement objective, de cet objet. Donc, d'une vue de l'esprit. La vérité parfaite, complète, absolue et définitive n'existe pas. Il n'y a que des énoncés plus ou moins exacts qui, à la manière d'une asymptote, s'approchent de la courbe sans jamais la rencontrer. Les notions de vérité et d'objectivité sont indispensables, ne serait-ce que pour servir de référence théorique aux modalités de l'information concrète (signes, images, mots, paroles) qui peuvent être plus ou moins approximatives ou ambiguës.

---

[4] Berelson, B. R., Steiner, G. A, *Human behavior: an inventory of scientific findings,* New York, Harcourt, 1964, p. 286 (ma traduction).

Ainsi, dans la nature, une sphère parfaitement ronde, ou une ligne parfaitement droite (un trait sans épaisseur parfaitement rectiligne, de sorte que, par deux points, on peut faire passer une ligne et une seule), n'existe pas. Néanmoins, les concepts de sphère et de ligne droite parfaites existent, on peut donner des définitions de ces objets imaginaires, c'est-à-dire les concevoir, les poser par une opération de l'esprit, et ensuite comparer ces vues de l'esprit à ce que l'on connaît des objets concrets. De même que l'on peut confronter la vérité aux discours des uns et des autres.

Censée être un reflet fidèle et imaginaire de la réalité, cette représentation est présumée universelle et identique pour tous, donc un invariant indépendant des acteurs concrets qui la produisent, de leurs objectifs et de leurs stratégies. C'est sans doute là l'une des raisons pour lesquelles on considère parfois que La Vérité n'est pas produite par l'homme, mais le résultat d'un message d'origine divine ou surnaturelle, extérieure au sujet pensant ou parlant. Sans aller aussi loin, on peut dire que, dans l'information en soi, l'acteur s'efface devant la vérité, ne fait éventuellement que la découvrir ou la révéler sans modifier en rien son contenu : la terre tourne autour du soleil même si personne ne le sait ou le croit, et même en l'absence d'êtres humains. C'est pourquoi, on peut parler d'« information à 0 acteur ». « L'information en soi » est cette information abstraite et théorique.

« L'information pour soi » est l'information subjective, celle que chacun produit « dans sa tête » pour son propre usage. Considérés du point de vue de leurs rapports avec un sujet, ses contenus sont généralement appelés croyances, opinions ou représentations. On peut, par commodité, l'appeler « information à 1 acteur » : « A chacun sa vérité ».

Les deux acceptions courantes du mot « information » sont toutes deux réductrices : la définition par l'exactitude du contenu ne tient compte que du rapport de l'information à l'objet dont elle parle tandis que la définition par le recours aux technologies de l'information ne conserve que le rapport aux supports et évacue tout ce qui concerne le contenu. Quant au rapport aux acteurs, il n'intervient dans aucune de ces deux définitions. Il est cependant présent dans le langage courant qui dispose de termes comme secret, sincérité, mensonge, hypocrisie ou duplicité. Il pose la question : « A qui et à quoi une information sert-elle ? »

« L'information pour autrui » est celle qui est « dans la bouche ». C'est le contenu d'une communication destinée à un interlocuteur réel ou imaginaire pour lequel elle est produite. La spécificité de l'information pour autrui est d'une autre nature que celle de l'information en soi ou de l'information pour soi.

Les objectifs de ces trois types d'information sont différents : il s'agit de savoir si ce qu'une personne dit correspond à ce qu'elle sait, à ce qu'elle croit ou à ce qu'elle veut faire croire. Ces trois types d'information sont d'une complexité croissante : l'information en soi est l'information à 0 acteur, l'information pour soi l'information à 1 acteur et l'information pour autrui, dans la mesure où il s'agit de tenir compte d'un locuteur qui adapte un contenu à un interlocuteur, une information à 2 acteurs. En d'autres termes, lorsque le mot « information » est pris dans son sens descriptif, son contenu varie avec le nombre de personnes impliquées dans sa production et avec leurs objectifs respectifs. Par contre, lorsque le mot « information » est utilisé dans son sens normatif, son contenu est un invariant : lorsqu'une personne sait, le contenu de l'information à 1 acteur est identique à celui de l'information à 0 acteur ; quand une personne dit ce qu'elle sait, comme en principe dans l'enseignement, il y a simplement transmission d'information ; le contenu de l'information à 2 acteurs est alors le même que celui de l'information à 0 et à 1 acteur.

En schématisant et mettant l'accent seulement sur les différences, on pourrait dire que l'information à 0 acteur correspond à la dimension cognitive de l'information, l'information à 1 acteur à sa dimension subjective et l'information à 2 acteurs à sa dimension politique.

De la littérature aux sciences, en passant par l'économique, le politique et l'art de la guerre, les différences entre information pour soi et information pour autrui ont été abondamment illustrées. Dans l'une des lettres envoyées par la marquise de Merteuil à Cécile Volanges, Choderlos de Laclos dit joliment : « Vous voyez bien que, quand vous écrivez à quelqu'un, c'est pour lui et non pas pour vous : vous devez donc moins chercher à lui dire ce que vous pensez, que ce qui lui plaît davantage »[5]. Sur le mode négatif, c'est le conseil donné par le banquier Leuwen à son fils : « Cela ne doit jamais sortir de votre mémoire ni de votre bouche »[6]. Farrugia a résumé la différence entre ce que l'on sait et ce que l'on fait croire au moyen de la formule : « Les individus doivent croire et ne doivent jamais savoir »[7].

Les sondages d'opinion reposent sur l'hypothèse que les personnes interrogées disent ce qu'elles pensent et pensent ce qu'elles disent. Cela signifie que les réponses à des questions directes ne distinguent généralement pas l'information pour soi de l'information pour autrui. En d'autres termes, ce que l'on appelle « opinion publique » est-elle l'opinion *du* public, ou celle que les enquêtés fournissent *en* public ou *au* public, par opposition à l'information que l'on garde pour soi ou que, le cas échéant, on ne communique qu'en privé.

Ecrit au IVe siècle avant J.-C., *L'Art de la guerre* de Sun Tzu explique comment conquérir des territoires sans avoir à livrer bataille. Déjà à l'époque, les guerres étaient, précise Jean Lévi dans sa présentation de cet ouvrage, de véritables boucheries, et

---

[5] Laclos (C. de), *Les Liaisons dangereuses* (1782), lettre CV, p. 258, Monaco, Editions du Rocher, 1948.
[6] Stendhal, *Lucien Leuwen* (1835), *Romans et Nouvelles*, Editions de La Pléiade, 1952, p. 1080.
[7] Farrugia, F. « Exclusion, mode d'emploi », *Cahiers internationaux de sociologie*, vol. CII, 1997, p. 49.

les pertes se comptaient par centaines de milliers. Même victorieuse, toute guerre était une effroyable calamité et le vainqueur en sortait tellement affaibli qu'il devenait une proie facile pour ses rivaux : mettant à profit la précarité de sa situation, ceux-ci se liguaient contre lui pour lui arracher ses possessions.[8]

Jean Lévi ajoute que, selon certains, l'art chinois de la guerre était « un art de l'oblique qui, investissant le champ entier du politique, réussit le tour de force de vaincre "sans ensanglanter la lame" ». Si bien que, « société militarisée à l'extrême, la Chine d'alors baigne dans un univers de suspicion et d'intrigues, de tractations secrètes, de manigances, de ruses retorses, de démarches biaises, de pièges à double ou triple fond ».

« En politique, avait confié François Mitterrand à Franz-Olivier Giesbert, rien n'est plus difficile que de garder un secret. On l'a à peine confié à quelqu'un en lui disant de ne rien répéter qu'il court déjà Paris. Or le secret, c'est l'atout-clé en politique. Voilà pourquoi j'ai toujours pris mes aises avec la vérité. »[9]

Une remarque du philosophe et sociologue allemand Georg Simmel (1858-1918) met en évidence le fait que tout mensonge est double. Il constate en effet que « la nature profonde de tout mensonge, aussi concret que soit son objet, est de faire naître l'erreur sur le sujet qui ment : car il consiste, pour le menteur, à cacher à l'autre la représentation vraie qu'il possède. Que la victime du menteur ait une représentation fausse de la chose, ce n'est pas là ce qui épuise la nature spécifique du mensonge – il partage cela avec l'erreur ; c'est bien plutôt le fait qu'elle est maintenue dans l'erreur sur ce que la personne qui ment pense

---

[8] Tzu, S., *L'Art de la guerre*. Traduit du chinois et commenté par Jean Lévi, Hachette Littératures, 2000, p. 25.
[9] Giesbert, F.-O., *François Mitterrand, une vie*, 1996, cité par William Karel au début de son film sur le secret organisé par François Mitterrand autour de sa maladie (« Passé sous silence », France 3, 22/02/01). Cette citation figure également dans la critique de ce film parue dans *Le Monde* (Psenny, D., « Autopsie d'un mensonge », *Le Monde,* 18-19/02/2001).

dans son for intérieur. »[10] Tout mensonge, pourrait-on ajouter, est non seulement mensonge sur la chose, mais erreur du destinataire sur les objectifs du locuteur, donc sur la personne. Tout énoncé informe à la fois sur l'objet désigné (vrai ou faux) et sur la source de l'information (crédible ou non).

Dans son ouvrage sur les intellectuels faussaires, Pascal Boniface remarque qu'il a constaté à de nombreuses reprises qu'au cours d'un débat public un expert proférait une contrevérité qui passait comme une lettre à la poste, alors qu'il s'agissait, non d'erreurs, mais de mensonges volontaires et assumés par leur auteur.[11] Ce qui ne devrait pas être toléré à mon sens, ajoute-t-il, c'est la place centrale occupée par le mensonge dans le débat public. « Je suis estomaqué par tous ces intellectuels et experts qui n'ont pas de scrupules à employer des arguments de mauvaise foi, à énoncer des contrevérités, afin d'emporter l'adhésion. Leur culot, leur absence totale de scrupules semblent être illimités et constituer un atout. »[12]

Mensonge et mauvaise foi

Le mensonge et la mauvaise foi constituent la clé de voûte du problème de l'information. Tous deux représentent des obstacles majeurs pour la connaissance et pour la démocratie. Il s'agit de deux cas de figure sensiblement différents.

« Le mensonge prend la forme de la mauvaise foi lorsqu'il est refus entêté de reconnaître une évidence, quelque chose qui, manifestement, est. C'est précisément ce genre de choses : ce qui se voit immédiatement, ce qui peut seulement se constater, qui parait bien constituer l'objet propre de la mauvaise foi. »[13]

---

[10] Simmel, G., *Secret et sociétés secrètes* (traduction française par Sibylle Muller du chapitre V de *Soziologie*, 1908), Strasbourg, Circé, 1991, p.15.
[11] Boniface, P., *Les Intellectuels faussaires. Le triomphe médiatique des experts en mensonge*, Jean-Claude Gawsewitch, 2011.
[12] *Ibid.*, p. 7-8.
[13] G. R. [Richard, G.], « La mauvaise foi », <philopourtous.free/Atelier/Textes/mauvaisefoi.htm>.

La mauvaise foi est une notion fondamentale en droit et fréquemment utilisée par cette discipline. Ce qui, soit dit en passant, est loin d'être le cas en sociologie ou en histoire des sciences, alors qu'elle y serait encore davantage à sa place. La vérité est, en effet, consubstantielle à la science et la mauvaise foi est totalement incompatible avec cette dernière. Pour ce qui est du droit, « les tribunaux jugent, par exemple, que compte tenu de sa profession ou de son expérience un vendeur professionnel ne peut avoir ignoré les vices de la chose qu'il a vendue »[14]. De même, comme on le verra plus loin à propos de deux fraudes scientifiques majeures, il est pratiquement certain que, dans chacune de ces affaires, les scientifiques ne pouvaient avoir ignoré différentes règles scientifiques élémentaires et connues de tous.

Selon le professeur Pierre-Yves Gautier, la mauvaise foi peut se définir comme « la conscience, chez un sujet de droit, qu'il se place par son action dans une situation illicite, de nature à porter atteinte à une valeur sociale ou à causer un dommage à autrui. C'est une notion psychologique, qui repose dans le for intérieur de la personne à laquelle on l'impute, de sorte que pour en administrer la preuve, s'agissant d'un fait juridique, le demandeur est en droit d'utiliser tous les éléments probatoires pertinents, au premier rang desquels les indices et présomptions. »[15]

Le contrôle du système d'information

Le documentaire de Jean-François Delassus sur Edgar Hoover illustre différentes façons dont l'information peut, dans une démocratie occidentale, être utilisée pour acquérir et exercer le pouvoir. Obscur petit fonctionnaire devenu patron du FBI, J. Edgar Hoover a, pendant quarante-huit ans d'un règne ininterrompu – de 1924 à sa mort en 1972 –, contrôlé la politique du plus puissant pays du monde grâce à la collecte et à

---

[14] « Définition de Bonne foi », *Dictionnaire du droit privé de Serge Braudo*.
[15] Ompi [Organisation mondiale de la propriété industrielle], D2000-0647. Société Le Monde interactif c/Monsieur E. F.

la manipulation de l'information concernant des individus : obtention de renseignements au moyen de l'espionnage, d'agents infiltrés, de micros cachés et de violations de domicile, constitution de dossiers sur tous les hommes liés à un pouvoir, archivage et rétention de l'information obtenue afin d'être seul à pouvoir l'utiliser – par exemple pour faire chanter les hommes politiques en faisant état de leurs activités sexuelles –, dénonciations anonymes, diffusion de rumeurs calomnieuses, etc. Le directeur du FBI a ainsi fait croire que Stevenson, un candidat à la présidence des Etats-Unis qui ne lui convenait pas, était homosexuel.[16]

Les acteurs qui contrôlent notre système économique et politique ont la haute main sur l'essentiel de notre système d'information. En tant que récepteurs, ils sont mieux informés et, en tant qu'émetteurs, ils ont davantage accès aux médias et peuvent parler plus fort. Parfois, comme les dictateurs, ils sont seuls à avoir droit à la parole.

Les entreprises ne fabriquent pas seulement des produits, mais aussi, directement ou indirectement, des discours ponctuels sur ces produits et des discours plus globaux sur le système économique et social dans lequel nous vivons ainsi que sur leur rôle – et le nôtre – dans ce système. En d'autres termes, une idéologie.

Neveu de Freud, généralement considéré comme le père du spin[17] et de l'industrie des relations publiques, désigné par le

---

[16] « Le plus grand ripou d'Amérique », un film de Jean-François Delassus. France 3. 4/4/1998.

[17] *Spin* : terme qui n'a pas d'équivalent en français et que, dans sa préface au livre *Propaganda* de Bernays, Normand Baillargeon définit comme étant « la manipulation – des nouvelles, des médias, de l'opinion – ainsi que la pratique systématique et à large échelle de l'interprétation et de la présentation partisanes des faits » (Edward Bernays, *Propaganda*, 1928, Horace Liveright, p. 39, traduit de l'anglais (Etats-Unis) par Oristelle Bonis et publié en 2007 aux éditions La Découverte sous le titre *Propaganda. Comment manipuler l'opinion en démocratie*, cité par *Baillargeon* dans sa préface à la traduction française de ce livre, p. 5.

magazine *Life* comme l'un des 100 Américains les plus influents du XXe siècle[18], Edward Bernays (1891-1995) a théorisé, pratiqué et prêché la manipulation. « La minorité a découvert, écrit-il, qu'elle pouvait influencer la majorité dans le sens de ses intérêts. Il est désormais possible de modeler l'opinion des masses pour les convaincre d'engager leur force nouvellement acquise dans la direction voulue. »[19]

Les ouvrages de Michèle Rivasi et Hélène Crié sur le nucléaire[20], de Roger Lenglet et Bernard Topuz sur les pratiques de l'industrie pharmaceutique en matière d'information médicale[21] montrent, comme les textes et les films récents de Marie-Monique Robin[22], l'étendue des manipulations de l'information et de leurs conséquences.

A propos du livre de Marie-Monique Robin sur Monsanto et du documentaire éponyme qui l'accompagne, Dominique Dhombres écrit : « Le réquisitoire est terrible, implacable et convaincant. La firme multinationale Monsanto, qui commercialise 90% des organismes génétiquement modifiés (OGM), ment énormément, à beaucoup de gens et même à la planète entière, avec beaucoup de succès – le pouvoir que donne l'argent et l'appui, apparemment sans faille, du gouvernement des Etats-Unis. »[23]

---

[18] Bernays, E., <http://wikipedia.org/wiki/Edward_Bernays>, consulté le 13/08/2010.
[19] Bernays, E., cité par Baillargeon, N., *op. cit.*, p. 19.
[20] Rivasi, M., Crié, H., *Ce nucléaire qu'on nous cache*, Albin Michel, 1998.
[21] Lenglet, R., Topuz, B., *Des lobbies contre la santé*, Syros, 1998. Roger Lenglet et Bernard Topuz indiquent que les médecins eux-mêmes sous-estiment souvent l'orientation sous-jacente des communications médicales qui leur sont dispensées (p. 66).
[22] Robin, M.-M., *Le monde selon Monsanto. De la dioxine aux OGM, une multinationale qui vous veut du bien*, Éditions La Découverte, Arte Éditions, 2008 ; *Notre Poison quotidien. La responsabilité de l'industrie chimique dans l'épidémie des maladies chroniques*, Éditions La Découverte, Arte Éditions, 2011.
[23] Dhombres, D., « L'univers monstrueux de Monsanto », *Le Monde*, 12/03/2008.

Quant aux objectifs de Monsanto, tels que les a décrits Greenpeace, ils sont clairs : « Le groupe Monsanto, actif dans le monde entier, poursuit un but époustouflant : cette entreprise ne veut rien de moins que le contrôle total de l'agriculture mondiale – en Amérique du Nord comme en Europe, en Asie comme en Afrique et en Amérique du Sud. »[24]

Sans tenter de résumer les 479 pages du monumental ouvrage de Marie-Monique Robin sur la responsabilité de l'industrie chimique dans l'épidémie des maladies chroniques, les 113 minutes de son film et ses 5 interviews sur Arte[25], deux points clés, parfaitement clairs et entièrement fondés, résultent de sa démonstration :

– la plupart des firmes mentent et trichent sur la toxicité des produits industriels utilisés dans l'alimentation ;

– basé sur des données erronées du fait de ces mensonges et de ces tromperies, le processus d'évaluation et d'homologation des produits chimiques est totalement défaillant et inadapté. Il ne protège pas du tout.

Marie-Monique Robin précise qu'après avoir effectué son enquête, elle est absolument persuadée qu'on nous empoisonne et qu'elle a totalement changé sa manière de manger.[26]

Une doctrine criminelle

Prix Nobel 1976 d'économie, Milton Friedman (1912-2006) a formulé et soutenu une doctrine économique criminelle : « Donc, la question, a-t-il dit, est de savoir si les dirigeants des

---

[24] Cité par Wagenhofer, E., Annas, M., *Le Marché de la faim. Le livre du film We feed the world*, essai traduit de l'allemand par Stéphanie Lux, Actes Sud, 2007, p. 42.
[25] « Notre poison quotidien », Entretien avec Marie-Monique Robin, <www.arte.tv/fr/Comprendre-le-monde/3677910.html>.
[26] *Ibid.*

entreprises[27], pourvu qu'ils agissent dans le cadre des lois, sont, dans leur activité professionnelle, responsables d'autre chose que d'obtenir des bénéfices aussi élevés que possible pour leurs actionnaires. Ma réponse à cette question est non, ils ne le sont pas. »[28]

Surnommé le « tsar des PCB »[29] parce qu'il supervisa pendant plusieurs décennies la production d'Aroclor[30], Papageorge a, le 31 mars 1998, illustré cette logique devant le tribunal de Calhoun William County : à la question « Est-ce que Monsanto a fourni des informations aux habitants d'Anniston concernant les risques que posent les PCB pour la santé humaine ? », il répondit : « Pourquoi aurions-nous dû le faire ? »[31]

Alors président de l'Université Harvard et principal économiste de la Banque mondiale, Lawrence S. Summers avait, en 1991, tenu des propos du même ordre : il estimait que la Banque mondiale devrait encourager l'externalisation des industries polluantes vers les pays à faible niveau de vie car

---

[27] Le mot anglais "corporations" désigne les sociétés anonymes (SA), et plus particulièrement les sociétés par actions cotées en bourse, notamment les multinationales. L'expression « sociétés anonymes » étant lourde et employée surtout par les professionnels, les termes « entreprises », « grandes entreprises » et « multinationales » sont utilisés ici indifféremment pour traduire « corporations ».

[28] "So the question is, do corporate executives, provided they stay within the law, have responsibilities in their business activities other than to make as much money for their stockholders as possible? And my answer to that is, no they do not", "Free to choose" TV series by Milton Friedman, <http://miltonfriedman.blogspot.com>, consulté le 8/9/2007 ; voir aussi : Milton Friedman, "The social responsibility of business is to increase its profits", *New York Times Magazine*, September 13, 1970.

[29] Les PCB (polychlorobiphényles) constituent une famille de 209 composés (*Wikipedia*). Ils sont connus, en France, sous le nom de pyralène, utilisé notamment dans les transformateurs électriques et, aux Etats-Unis, en tant qu'agent orange, herbicide utilisé massivement par l'armée américaine pendant la guerre du Vietnam.

[30] Aroclor : un PCB vendu aux Etats-Unis.

[31] Robin, M.-M., *Le monde selon Monsanto. De la dioxine aux OGM, une multinationale qui vous veut du bien*, op.cit., p. 30 et 37-38.

c'était dans ceux-là que le coût des atteintes à la santé était le plus faible[32]. Le coût de la vie est, dans cette logique purement économique, calculé en termes de perte de salaire des victimes. Les morts coûtent moins cher dans les pays pauvres.

Aux Etats-Unis, la loi oblige l'entreprise à s'occuper exclusivement de son propre intérêt, sans cesse et sans exception, quelles que soient les conséquences pour autrui.[33]

Dans son ouvrage intitulé *The Corporation*[34] et dans le film éponyme (un documentaire qui a remporté 26 récompenses internationales)[35], Joel Bakan, qui est professeur de droit au Canada, montre qu'avec la doctrine de Milton Friedman et la loi qui lui correspond, tous les moyens sont bons du moment qu'ils permettent d'accroître les profits. Sauf – c'est le point capital (sans jeu de mots) – dans la mesure où les dommages causés aux hommes et à l'environnement ont des conséquences sur les profits des entreprises.

Cette atteinte à leurs profits peut résulter d'une réaction de l'opinion publique, des salariés, des électeurs, des consommateurs et/ou des actionnaires, réaction qui, le cas échéant, se traduit par de nouvelles lois.

Joel Bakan rappelle que l'on admet de la part des entreprises des comportements qui ne sont pas acceptés lorsqu'ils sont le fait d'individus. Il faut se souvenir, dit-il, de la vérité la plus subversive de toutes, à savoir que les entreprises ne sont qu'une

---

[32] Summers, L. H. *Memo to "distribution" entitled "GEP"*, December 12, 1991, cité par Egilman et Bohme, *op. cit.*
[33] Bakan, J., *The Corporation. The Corporation: The Pathological Pursuit of Profit and Power*, New York : Constable and Robinson, Free Press, 2004, p. 1 ; voir aussi "Are You Working For a Psycho?", *The Ecologist*, November 2004, vol. 34, N° 9 ; <www.theecologist.org>. *The pathological pursuit of profit and power*, p. 1.
[34] Bakan, J., *The Corporation: The Pathological Pursuit of Profit and Power*, *op. cit.*
[35] Achbar, M., Abbott, J., Bakan, J., *The Corporation*, Big Picture media corporation. Éditeur du DVD en français : TF1 vidéo, 2007.

création humaine et qu'elles n'ont pas d'autres pouvoirs que ceux que les hommes leur accordent.[36]

Après ces considérations générales sur l'information et le système social, économique et politique dans lequel elle est produite, médiatisée et consommée, il sera question principalement de deux formes d'information très concrètes et, en apparence, très différentes : la science et la publicité. Plus précisément, de la corruption de la science par les grandes entreprises et de la corruption des médias par la publicité.

« Une fraude scientifique sans précédent »

Le Petit Robert (1994) distingue parfaitement le sens descriptif et le sens normatif du mot « scientifique » : « 1. Qui appartient aux sciences […], à la science ; qui concerne les sciences (SPECIALT opposées aux lettres) […] 2. Qui est conforme aux exigences d'objectivité, de précision, de méthode des sciences […], de la science. » En d'autres termes, on appelle science tantôt ce que les scientifiques font, tantôt ce qu'ils sont censés faire. Cette ambiguïté fondamentale est à l'origine de graves confusions, à l'instar de celle entre les deux acceptions du mot « information », l'une descriptive et l'autre normative.

Pascal Diethelm et Jean-Charles Rielle, deux Genevois, découvrirent que le nom de Ragmar Rylander, professeur à l'Université de Göteborg, patron du service de médecine environnementale de cette université suédoise et également professeur associé à l'Institut de médecine sociale et préventive de l'université de Genève, apparaissait 17 000 fois dans les archives de Philip Morris (publiées sur Internet à la suite d'un accord judiciaire conclu en 1998 aux Etats-Unis). Ils constatèrent également que Ragnar Rylander avait été engagé par une filiale-écran de Philip Morris située en Suisse à Neuchâtel et que plus de 800 rapports sur le tabagisme passif,

---

[36] Bakan, J., *The Corporation: The Pathological Pursuit of Profit and Power*, op. cit.

rapports produits par un laboratoire situé en Allemagne acheté par Philip Morris, avaient été envoyés à Rylander. Or, les cigarettiers avaient cherché à jeter le doute sur les résultats des recherches montrant les dangers du tabagisme passif et avaient prétendu que, dans leurs laboratoires, ils n'effectuaient pas de recherches sur cette question.

Pour situer cette « fraude scientifique sans précédent » (qui n'a été découverte que trente ans après son début), il faut se souvenir que, à l'époque, le tabac tuait cinq millions de personnes par an (trente mille en France) et que, selon un document ultraconfidentiel interne à l'industrie du tabac, la fumée de tabac contient plus de deux mille substances dont, quarante avaient été identifiées comme cancérogènes dès 1961.[37]

Au cours d'une conférence de presse, Pascal Diethelm et Jean-Charles Rielle présentèrent, en 2001, les documents qu'ils avaient réunis, et notamment la copie du contrat signé par Ragnar Rylander avec Philip Morris ainsi que des copies de chèques correspondants. Ragnar Rylander attaqua les deux Genevois en diffamation.

En l'espace de trois ans, les tribunaux suisses se prononcent à cinq reprises sur la plainte en diffamation déposée par Ragnar Rylander. Lors du premier de ces procès successifs opposant les mêmes adversaires pour le même motif, Pascal Diethelm et Jean-Charles Rielle furent condamnés. Mais procès après procès, la vérité a fini par être totalement reconnue par les tribunaux suisses. Le raisonnement des magistrats dans l'arrêt du 15 décembre 2003 de la Chambre pénale de la Cour de justice de Genève est particulièrement intéressant : « Dès lors

---

[37] Ces chiffres proviennent d'un document rédigé par le Dr Helmut Wakeham pour être présenté à New York en novembre 1961, document cité et commenté par Pascal Diethelm et Jean-Charles Rielle sur leur site Internet <www.prevention.ch/rylanderpm.htm>. La quasi totalité des informations fournies ici sur cette affaire provient de ce site et des dizaines de documents que l'on peut lire en cliquant sur les liens qui y figurent.

que, dans le domaine scientifique, rien n'est tout juste ou tout faux, blanc ou noir, il convient d'apprécier les résultats scientifiques de manière qualifiée pour les traduire dans le domaine de la prévention et de la santé publique. Il est important de savoir qui a mené les recherches et qui les a financées afin de connaître leur degré de crédibilité. »[38] Les tribunaux constatèrent notamment que Ragnar Rylander était « secrètement employé par Philip Morris », qu'il était bien « l'un des consultants les plus grassement payés de Philip Morris », que « l'existence d'un lien direct entre la fumée passive et le cancer était connu par Philip Morris depuis 1965 en tout cas », que, « nonobstant ce lien, Philip Morris avait refusé d'en admettre la réalité jusqu'en l'an 2000 », que « le professeur Ragnar Rylander qui était au courant de cette réalité avait participé à ce déni », que celui-ci n'avait « pas hésité à tromper le public afin de se montrer favorable au cigarettier qui le rémunérait. En particulier, l'étude sur les maladies respiratoires chez les enfants, dont il a modifié la base de données afin qu'aucun lien ne puisse être établi entre la fumée passive et la fréquence des infections respiratoires, apparaît comme frauduleuse », enfin qu'il s'agissait bien d'« une fraude sans précédent » comme Pascal Diethelm et Jean-Charles Rielle l'avaient affirmé.

Davantage qu'un examen succinct d'autres exemples de controverses scientifiques, l'examen détaillé de l'une d'entre elles peut permettre de mieux comprendre certains agissements et leurs logiques.

La controverse autour du risque sanitaire de la téléphonie mobile

Cette controverse n'en est pas au même stade que celle relative au tabac. Cela et dû, notamment, au fait que la consommation de cigarettes est devenue massive trente ans avant celle des téléphones portables, et que, dans le cas du

---

[38] Arrêt de la Cour de justice, Chambre pénale, Audience du 15 décembre 2003, p. 15.

tabac, il s'écoule en moyenne trente ans entre le diagnostic de cancer et le décès. Or, dans le cas de la téléphonie mobile, on ne connait pas encore le délai.

En ce qui concerne les risques sanitaires des technologies de communication sans fil, plusieurs spécialistes éminents craignent des conséquences tout aussi graves, voire beaucoup plus graves, que le cancer.[39] Il faut rappeler à ce propos que l'on estime que le rayonnement électromagnétique produit par les nombreuses inventions humaines utilisant l'électricité est, aujourd'hui, cent à deux cents millions de fois plus important qu'il y a cent ans, et que chacune des cent milliards de cellules du corps humain fonctionne grâce à l'électricité.[40]

Au passage, il faut distinguer l'exposition aux radiations ionisantes du nucléaire de celle des radiations non ionisantes de la téléphonie mobile.

La première a été extrêmement intense et spectaculaire d'abord au moment du largage des bombes atomiques sur Hiroshima et Nagasaki, puis lors des catastrophes nucléaires majeures (Tchernobyl, Fukushima). Avec la pollution radioactive invisible et insidieuse (nuages, rejets dans les sols et en mer), elle s'est ensuite apparentée à la pollution par les

---

[39] Khurana, V. G., *Mobile Phones and Brain Tumors – A Public Health Concern*, Brain-surgery.us. <www.brain-surgery.us/mobilephone.hml>, <www.smh.com.au/ articles/2008/03/31/120685/0768836.html>, consulté le 21/9/2008 ; « Interview du Dr. Robert O. Becker par Linda Moulton Howe, Londres, 14 mai 2000 », <www.energyfields.org/science/becker.html>, cité par Sherril Sellman, *Nexus*, N° 53, novembre-décembre 2007 et « WiFi, Mobiles… Un scandale sanitaire en vue », <www.nextup.org/pdf/DrSherillSellmanWiFiGsmUncandaleSanitaireEnVue.pdf>, consulté le 05/03/2011 ; Programme de la radio australienne "Twisted Wire" de Phil Dobbie, "Is your mobile phone killing you ?", 12/03/2010, www.zdnet.com.au/is-your-mobile-phone-killing-you_print--339301703.htm ; voir aussi <http://sn132w.snt132.mail.live.com/default.aspx?n=1912274704>, consultés le 3/4/2010 ; Zalewski, A., « Il y a un lien prouvé entre champs électromagnétiques, cancers et leucémies », *metro*, 10/09/2010, <www.metrofrance.com/ info/il-y-ya-un-lien-...> et <www.next-up.org>.
[40] Sellman, S., « WiFi, Mobiles… Un scandale sanitaire en vue », *op. cit.*

radiations non ionisantes de la téléphonie mobile. La plus grande partie de la population mondiale est aujourd'hui exposée en permanence à cette dernière (sur les sept milliards d'habitants que compte la planète, cinq milliards utilisent un téléphone portable).

Les résultats des milliers d'études scientifiques qui ont été effectuées sur les effets biologiques et sanitaires des technologies de communication sans fil sont contradictoires, notamment parce que les logiques des acteurs le sont. Ce qui, en théorie, est paradoxal puisque la science est, en principe, un savoir indépendant des acteurs (« information en soi » ou « information à 0 acteur »). En fait, ils ne sont contradictoires qu'en apparence : tout dépend de la fiabilité des études.

Pour ne mentionner que quelques unes de celles qui ont présenté des conclusions indiquant l'existence probable d'un risque, il y a, en anglais, l'étude Reflex[41], le rapport BioInitiative et le numéro spécial de la revue avec comité de lecture *Pathophysiology*[42]. En français, il existe une dizaine d'ouvrages, dont, sur Internet, le livre gratuit et très clair du Dr Jean Pilette consacré notamment aux antennes-relais[43]. La consultation des sites Internet des organisations nationales Priartem[44] (la première, créée en 2000), Criirem[45], Next-up[46] et Robin des toits[47] est indispensable pour se tenir au courant de

---

[41] *Risk Evaluation of Potential Environmental Hazards From Low Frequency Electromagnetic Field Exposure Using Sensitive* in vitro *Methods*, <www.itis.ethz.ch/downloads/REFLEX_Final%20Report_171104.pdf>, consulté le 10/11/2008. Cette étude a donné lieu à une accusation mensongère de falsification des données, accusation inventée afin de se débarrasser des résultats gênants de cette recherche (« Avertissement », 10/11/2009, <www.next-up.org/ Newsoftheworld/ REFLEX. php>, consulté le 23/02/2010).
[42] *Pathophysiology*, vol. 16, Issue 2-3, August 2009.
[43] Pilette, J., *Antennes de téléphonie mobile, technologies sans fil et santé*, Nouvelle édition du 06/11/2008, consulté le 17/09/2009.
[44] <www.priartem.fr>.
[45] <www.criirem.org>.
[46] <www.next-up.org>.
[47] <www.robindestoits.org>.

l'actualité dans le domaine de la téléphonie mobile et disposer d'analyses indépendantes des industriels et du gouvernement.

A côté des informations scientifiques fiables comme celles figurant dans les publications mentionnées dans le paragraphe précédent, il y a les fausses preuves, c'est-à-dire les preuves qui ne tiennent pas la route et qui, si on les examine de près, indiquent éventuellement le contraire de ce que l'auteur entendait prouver. Comprendre ce qui n'est pas de la science peut être utile pour comprendre ce qu'elle est : l'ignorance et la mauvaise foi font partie de la même structure que l'objectivité, la compétence et l'indépendance.

Directeur de recherche au CNRS (Centre national de la recherche scientifique), responsable en 1999-2002 du programme européen de recherches COMOBIO (COmmunications MObiles et BIOlogie)[48] sur l'impact physiologique des téléphones portables et, en 2009, membre du conseil scientifique de Bouygues Telecom[49], Bernard Veyret a déclaré, en 1999, au cours d'une émission d'*Envoyé Spécial* consacrée aux risques des téléphones portables : « Le risque sanitaire n'a pas été démontré, donc il est pour l'instant nul, jusqu'à preuve du contraire. Il y a beaucoup d'études en cours qui pourraient faire changer d'avis, mais pour l'instant il est nul. Donc s'il est nul, il n'y a pas de précaution à prendre. »[50]

Or, un risque dont l'existence n'a pas été démontrée peut néanmoins être bien réel. Les recherches peuvent avoir été mal

---

[48] « Comobio, c'est […] 12 millions de francs sur deux ans, quinze équipes de recherche (biologistes et physiciens) et huit sous-projets » : Bernard Veyret, « Programme de recherches sur l'impact physiologique des téléphones portables », in *Téléphones portables, un danger pour la santé? Actes du colloque du 19 juin 2000,* organisé et présidé par le groupe d'études santé-environnement (groupe composé de députés de l'Assemblée nationale), p. 46, <www.mouans-sartoux.net/aschieri/archives/Compte%20rendu%20du%20 colloque.pdf>, consulté le 2/11/2008.
[49] Jean-Michel Thénard, « Bouygues active ses relais pour sauver ses antennes », *Le Canard enchaîné*, 11/03/2009.
[50] « Les risques du portable », *Envoyé spécial*, France 2, 21/10/1999 et 7/3/2002 (rediffusion).

conçues, mal exécutées ou comporter un nombre d'observations trop faible. Voire — c'est le cas le plus banal — n'avoir pas été faites, ne serait-ce que parce que l'existence du risque n'était pas même soupçonnée. Autrement, il faudrait estimer que, par exemple, le risque de contracter le sida par le sang et les produits sanguins était nul jusqu'au moment où l'existence de ce mode de transmission du sida a été démontrée. « Non démontré » ne veut pas dire « nul » ou « inexistant ». On peut, en outre, remarquer que Bernard Veyret dit que le risque « est pour l'instant nul, jusqu'à preuve du contraire », comme si l'existence du risque dépendait de la connaissance que l'on en a.

Certitude et probabilité

La logique de la science est faite de probabilités alors que la logique des acteurs, poussés par la commodité ou la nécessité, voire l'urgence, tend à être binaire. Chacun veut disposer de certitudes : vrai-faux, dangereux ou pas dangereux.

Or, contrairement à la représentation courante, la science, et plus particulièrement « la science en train de se faire », comporte peu de certitudes et un grand nombre d'interrogations. Elle progresse en défrichant des domaines nouveaux, mais aussi en obtenant des résultats de plus en plus assurés, précis et détaillés. En d'autres termes, elle procède le plus souvent par approximations successives et s'exprime en termes de probabilités. Presque toujours, elle a besoin de temps et de moyens. Les faits ne parlent pas d'eux-mêmes. Ce sont des êtres humains qui, en fin de compte, estiment qu'une « preuve » est convaincante ou ne l'est pas. Il se peut que, comme cela a été le cas avec le tabac et l'amiante, certains attendent qu'il y ait des milliers de morts pour estimer qu'il pourrait y avoir un risque. En outre, qu'ils soient ou non de bonne foi, leurs jugements peuvent varier en fonction de leur formation, de leur information et de leurs intérêts. Les modalités des interactions entre un objet de connaissance et un sujet connaissant sont multiples.

L'épidémiologiste britannique Austin Bradford Hill (1897-1991) a dit l'essentiel : « Qu'il s'agisse d'observations ou d'expériences, tout travail scientifique est incomplet. Tout travail scientifique est susceptible d'être renversé ou modifié par de nouvelles connaissances. Mais cela ne nous autorise pas à ignorer les connaissances déjà acquises, ou à différer les actions qu'elles paraissent nécessiter à un moment donné. »[51]

Une étude fort peu scientifique

Nommée Interphone, « la plus vaste étude internationale visant à évaluer les risques sanitaires auxquels s'exposent les personnes utilisant des téléphones portables »[52], a été réalisée avec des fonds publics, sous l'égide de l'Organisation mondiale de la santé (OMS) et du Centre international de recherche sur le cancer (CIRC). Dirigée par Elisabeth Cardis, cette étude, écrivait Jean-Pierre Lentin en 2001, devait être terminée au début de 2004.[53]

Après avoir été reportée à plusieurs reprises, une publication partielle et incomplète des résultats provenant des 13 pays n'a eu lieu qu'en 2010 (*infra*). Or, l'étude Interphone a, sur le thème « Vous allez enfin savoir si les téléphones portables sont dangereux pour la santé », entretenu l'illusion pendant 10 ans. Elle a, pendant toute cette période, été abondamment mentionnée dans les médias français, alors qu'il s'agissait d'une falsification scientifique flagrante, grossière et massive.

L'exposé des motifs du *Rapport du Parlement européen sur les préoccupations quant aux effets pour la santé des champs électromagnétiques* estimait qu'« il est difficile d'accepter que

---

[51] Hill, A. B., "The environment and disease: association or causation ?" *Proc R Soc Med.*, 1965, 58, cité par Egilman, D. S., Bohme, S. R., « In reply », *International Journal of Occupational and Environmental Health*, vol. 12, n° 3, juillet-septembre 2006, p. 292-293.
[52] Nau, J. Y., « La polémique sur l'innocuité des téléphones portables est relancée », *Le Monde*, 28/09/2008.
[53] Lentin, J. P., *Ces ondes qui tuent, ces ondes qui soignent*, Albin Michel, 2001, p. 141.

des études soient "gelées" au motif que les experts sont incapables de s'entendre sur une conclusion, surtout quand l'argent public européen est en jeu. [...] L'étude Interphone est, de ce point de vue, un véritable cas d'école. Initiée en 1998, entamée en 2000, et surtout annoncée comme le projet scientifique le plus complet, puisqu'impliquant pas moins de 12 États au plan mondial avec un protocole exemplaire afin d'augmenter au maximum la capacité de déceler les risques de certains types de cancers, ses conclusions se font toujours attendre, et ce, depuis 2006. »[54] Journaliste à l'*International Herald Tribune*, Doreen Carvajal dit que, selon certains participants au projet, plusieurs chercheurs s'adressaient à peine la parole[55]. Il faut espérer que l'indignation face à la fraude scientifique et à l'occultation de l'enjeu de santé publique a joué un rôle chez quelques uns de ces chercheurs.

Quoi qu'il en soit, cette étude est un cas d'école également du point de vue de l'art et de la manière de ne pas trouver ce que l'on ne veut pas que les autres sachent. En d'autres termes, si l'étude Interphone n'a pas tenu ses promesses en ce qui concerne la connaissance des risques de cancer du cerveau dus à l'utilisation des téléphones portables, elle nous informe, grâce notamment aux travaux de quelques chercheurs indépendants, sur certaines pratiques de dizaines de chercheurs financés par l'industrie.

Les 11 défauts de l'étude Interphone

Ingénieur en électronique de formation, L. Lloyd Morgan se consacre, depuis 1995, à l'étude des risques sanitaires des champs électromagnétiques. Avant d'être à la retraite, il dirigeait le Registre central des tumeurs du cerveau des Etats-Unis (Central Brain Tumor Registry of the United States,

---

[54] Parlement européen, *Rapport sur les préoccupations quant aux effets pour la santé des champs électromagnétiques*, (2008/2211(INI)), Rapporteure : Frédérique Ries, 23/2/2009, p. 7.
[55] Carvajal, D., "Rift delays release of study on safety of cellphones", *International Herald Tribune*, 29/06/2008.

CBTRUS). Les 11 défauts de l'étude Interphone dont il a constaté l'existence sont dus à la manière dont la recherche a été conçue, et ces défauts étaient visibles dans le protocole adopté (c'est-à-dire dans la méthode choisie pour tenter, en principe, de trouver des réponses scientifiques à la question posée), donc bien avant le recueil des données.[56]

Une doctorante en épidémiologie, Iris Atzmon, a vu que le roi était nu. Ainsi, un « utilisateur régulier » est, dans l'étude Interphone, une personne qui se sert d'un téléphone portable une fois par semaine en moyenne depuis au moins 6 mois. Une telle définition masque, en les diluant, les risques des téléphones portables : la différence de l'exposition aux rayonnements des utilisateurs occasionnels qui utilisent très peu leur téléphone portable et des personnes qui n'ont pas de téléphone portable est évidemment moins importante que la différence dans l'exposition entre ces derniers et les utilisateurs qui téléphonent à l'aide de leur portable tous les jours, voire plusieurs heures par jour.

Commentaire d'Iris Atzmon : « Je voudrais voir une étude dans laquelle un fumeur serait défini par la consommation d'une cigarette par mois. Si les études sur le tabac avaient été conçues de cette façon, le lien entre les cigarettes et le cancer n'aurait, bien entendu, jamais été découvert. »[57] Les références à l'étude Interphone qui ne mentionnent pas cette critique – ou qui ne font pas état du fait que cette étude présente des défauts de conception qui invalident presque tous ses résultats – sont

---

[56] Morgan, L. L., "Estimating the risk of brain tumors from cellphone use: Published case-control studies", *Pathophysiology*, vol. 16, issue 2, August 2009, p. 137-147 ; *Cellphones and Brain Tumors : 15 Reasons for Concern, Science, Spin and the Truth Behind Interphone*, August 25, 2009, <www.radiation-research.org/pdfs/reasons_a4.pdf>, consulté le 1/9/2009 ; "Interphone Studies to Date, An Examination of Poor Study Design, Resulting in an Underestimation of the Risk of Brain Tumors",<www.powerwatch.org.uk/columns/morgan/ 20080108_interphone_design.asp>, consulté le 19/07/2008.
[57] Yafa Shir-Raz, "The Cellular companies and the Health Organizations do everything to hide the truth from us: The cellular causes cancer", *Mint Magazine*, 27 septembre 2007, <www.next-up.org>, consulté le 09/11/2007.

biaisées en faveur des opérateurs de téléphonie mobile : comme dans l'exemple ci-dessus, pour de multiples raisons d'ordre méthodologique, ils sous-estiment les risques des téléphones portables.

Ces défauts méthodologiques qui risquent d'invalider les résultats des études cas-témoins du type de l'étude Interphone sont connus et expliqués dans les ouvrages de statistique épidémiologique.[58] Parmi ces défauts, figure notamment le temps de latence trop court (le nombre d'utilisateurs de plus de dix ans d'un téléphone portable est très faible dans l'étude Interphone), le fait que la population étudiée dans le projet Interphone a entre 30 et 59 ans alors que le risque de cancer du cerveau est probablement plus important parmi les enfants et les jeunes adultes, l'absence de prise en compte des habitants des régions rurales (les antennes-relais étant, dans l'ensemble, plus éloignées des habitants dans les zones rurales que dans les villes, les téléphones portables des utilisateurs doivent donc émettre à une puissance plus grande pour atteindre l'antenne-relais), ainsi que l'exclusion de cas de tumeurs en raison du décès des sujets ou de leur état de santé.

Les dizaines de chercheurs qui ont participé à l'étude Interphone ne pouvaient pas ignorer ces défauts, ni *a fortiori* les auteurs du protocole de cette étude. En raison du nombre de ces défauts, de leur convergence, comme du fait de leur caractère, le plus souvent grossier et évident, on ne peut qu'être d'accord avec la conclusion de L. Lloyd Morgan : « Le problème fondamental est le protocole de l'étude Interphone. Bien que je ne dispose pas de preuve, il semblerait que l'industrie du portable ait influencé le protocole, voire qu'elle ait participé activement à sa création. Quoi qu'il en soit, le

---

[58] Voir notamment Boyer, J. et coll., *Epidémiologie. Principes et méthodes quantitatives*, Lavoisier, 2009 ainsi que les articles de *Wikipedia* : « épidémiologie », « enquête cas-témoins », « odds ratio », etc.

résultat final est que le protocole a été conçu de manière à ne trouver aucun risque. »⁵⁹

La preuve de ces biais est un résultat qui n'est paradoxal qu'en apparence : l'analyse statistique des données publiées de l'étude Interphone montre très nettement que les rayonnements des téléphones portables *protègent* contre le cancer du cerveau. Ce résultat est dû au fait que les biais provenant de la méthodologie de l'enquête inversent presque tous les résultats. En d'autres termes, la diminution *apparente* du risque dû aux rayonnements des téléphones portables, voire la protection offerte par ceux-ci, provient des biais dus à la manière dont l'étude a été conçue. Le seul cas dans lequel le résultat apparent de l'étude Interphone montre que l'utilisation d'un téléphone portable augmente le risque de tumeur du cerveau est l'utilisation pendant plus de dix ans du côté de la tête atteint par la tumeur et auquel le téléphone est généralement appuyé : l'accroissement du risque est alors tel qu'il devient statistiquement visible. La digue destinée à protéger le mythe de l'innocuité des portables a cédé là où le risque était le plus fort.

Quand l'article imprimé dit blanc, et l'appendice, publié sur son site internet, dit noir

La conclusion, tirée par les responsables de l'étude Interphone dans l'*International Journal of Epidemiology*, tient en quelques lignes : « Dans l'ensemble, aucun accroissement du risque de gliome ou de méningiome n'a été observé avec l'utilisation des téléphones portables. Une augmentation du risque de gliome a été *suggérée* [c'est nous qui soulignons] pour le niveau d'exposition le plus élevé, mais des biais et des erreurs excluent une interprétation causale. Les effets éventuels

---

⁵⁹ "The fundamental problem is the Interphone Protocol. While I have no evidence, it would appear that the cellphone industry influenced the Protocol, if not actively participating in its creation. The end result is the Protocol is designed to not find any risk" (Morgan, L. L., "Interphone Studies to Date, An Examination of Poor Study Design, Resulting in an Underestimation of the Risk of Brain Tumors",<www.powerwatch.org.uk/columns/morgan/20080108_interphone_design.-asp>, consulté le 19/07/2008).

d'une utilisation intensive du téléphone portable demandent des recherches supplémentaires. »[60] En somme, on n'a rien constaté, sinon qu'il y a « des biais et des erreurs » et qu'il faut d'autres recherches.

Il y a mieux, ou plutôt pire : sur son blog, David Servan-Schreiber, auteur notamment de plusieurs ouvrages sur le cancer, dont un best-seller, écrit que « les analyses détaillées n'ont pas toutes été décrites dans l'article remis à la presse le 17 mai [2010] », c'est-à-dire dans l'article publié dans l'*International Journal of Epidemiology*. Simple rétention d'information ? Non : un « Appendice N° 2 », qui ne fait pas partie de la version imprimée de l'article lui-même mais a été publié sur le site internet de l'*International Journal of Epidemiology*, comporte les résultats les plus importants de l'étude Interphone. Ces résultats contredisent purement et simplement les conclusions de l'article imprimé. « Certains des chercheurs, dit David Servan-Schreiber, ont bien mis en évidence que si on comparait les groupes d'une manière différente pour réduire les effets de biais de sélection des sujets étudiés on tombe sur des résultats tout à fait différents : les personnes qui ont utilisé un portable pendant plus de dix ans avaient deux fois plus de risque d'avoir développé une tumeur maligne au cerveau ("gliome"). Cette augmentation du risque est statistiquement significative (c'est-à-dire considérée scientifiquement comme "fiable"). »[61]

Un autre site, situé au Royaume-Uni, nommé Powerwatch et dont L. Lloyd Morgan est l'un des chroniqueurs, a, lui aussi, recalculé le risque de tumeur : l'accroissement statistiquement significatif du risque de gliome est de 40%. Powerwatch ajoute que, comme, pour le moment, faute de recul, nous ne voyons peut-être que le sommet de l'iceberg, le risque réel, calculé sur

---

[60] The Interphone Study Group, "Brain tumour risk in relation to mobile telephone use : results of the Interphone international case-control study", *International Journal of Epidemiology*, 2010 ; 39:675-694.
[61] Servan-Schreiber, D., « Interphone ne parvient pas à conclure ses travaux de façon claire. Continuons à prendre des précautions ». Dernière modification 22/05/2010, <www.guerir.org,>, consulté le 29/01/2011.

le nombre réel d'années ou d'heures d'exposition, pourrait facilement être 30 fois plus important.[62]

L'hypothèse qui rend le mieux compte du plus grand nombre de faits est simple : les technologies de communication sans fil sont délétères et les industriels ne veulent pas que cela se sache. Cette hypothèse explique les différents aspects de l'étude Interphone, y compris le choix du protocole de l'étude, les dissensions entre chercheurs, les reports successifs de la publication des résultats et la conclusion de l'article de l'*International Journal of Epidemiology* selon laquelle « aucun accroissement du risque de gliome ou de méningiome n'a été observé ». Ceci, bien entendu, n'exclut pas l'existence d'autres risques omis dans l'étude Interphone.

Dans son ouvrage intitulé *Doubt is their product* (les producteurs de doute), David Michaels fournit, à propos des cigarettiers, une explication plus générale qui s'applique parfaitement aux opérateurs de téléphonie mobile : « Big Tobacco a montré la voie et aujourd'hui la production de l'incertitude est pratiquée par des secteurs entiers de l'industrie, car celle-ci a compris que le public n'est pas en mesure de distinguer entre la bonne science et la mauvaise. Créer le doute, l'incertitude et la confusion est bon pour les affaires, car cela permet de gagner du temps, beaucoup de temps. »[63]

Les liens entre les résultats des recherches et l'origine de leur financement

Le onzième des défauts des études Interphone décrits par L. Lloyd Morgan est d'un autre ordre. Il a été constaté, dit ce chercheur, que si une étude a été financée par un acteur qui a un intérêt dans les résultats d'une étude, ses résultats sont

---

[62] Powerwatch, 18/05/2010, "Further analysis of Interphone data", <www.power-watch.org.uk/news/20100518_interphone_brain_tumours.asp>, consulté le 14/02/2011.
[63] Michaels, D., *Doubt is Their Product*, Oxford University Press, 2008, cité et traduit par Marie-Monique Robin, *Notre Poison quotidien, op. cit.*, p. 162.

favorables aux intérêts financiers de cet acteur plus souvent que ceux d'études pour lesquelles un tel intérêt n'existe pas.[64]

En ce qui concerne les effets biologiques et sanitaires des technologies de communication sans fil (téléphones portables et/ou téléphones DECT d'intérieur), quatre études ont mis en évidence l'existence d'un lien entre les résultats d'une recherche et l'origine de son financement. Malgré la diversité des effets étudiés, leurs résultats sont identiques.

1) Comme on l'a vu ci-dessus, l'étude épidémiologique cas-témoins Interphone financée par l'industrie affirmait ne pas constater d'augmentation du risque provenant de l'utilisation d'un téléphone portable, alors que les études épidémiologiques suédoises réalisées sous la direction de Lennart Hardell, qui étaient indépendantes de tout financement par l'industrie, présentaient un grand nombre de résultats comportant un accroissement statistiquement significatif du risque de tumeurs du cerveau dues à l'utilisation de téléphones portables et de téléphones d'intérieur sans fil.[65] Le fait que le contrat de recherche de l'étude Interphone donnait aux commanditaires — donc aux industriels du portable — le droit de voir les résultats de l'étude une semaine avant leur publication n'est peut-être pas sans rapport avec ces résultats.[66]

2) Henry Lai, l'un des principaux spécialistes du domaine, tient, aux Etats-Unis, à l'Université Washington de Seattle, une base de données sur les études traitant des effets biologiques des téléphones portables. En 2007, son analyse de 326 études constatait que 67% des 230 études financées de manière indépendante et 28% des 96 études financées par l'industrie concluaient à l'existence d'un effet biologique des téléphones

---

[64] Morgan, L L., *Cellphones and Brain Tumors : 15 Reasons for Concern...*, *op. cit.*, p. 28.
[65] *Ibid.*, p. 9.
[66] Michaels, D., *Doubt is Their Product*, Oxford University Press, 2008, cité et traduit par Marie-Monique Robin, *Notre Poison quotidien, op. cit.*, p. 162.

portables. La probabilité que cette différence soit due au hasard est extrêmement faible ($2,3 \times 10^{-9}$).[67]

3) Ayant constaté qu'une revue scientifique nommée *Radiation Research* avait, dans certains milieux s'intéressant à l'étude des champs électromagnétiques, la réputation d'être « la revue des résultats négatifs », c'est-à-dire celle qui publie presque exclusivement des articles qui montrent que les champs électromagnétiques des fréquences extrêmement basses et des micro-ondes n'ont pas d'effets biologiques, Louis Slesin décida d'y regarder de plus près. Avec l'aide d'Henry Lai, il rassembla un certain nombre d'études portant uniquement sur les effets des micro-ondes sur l'ADN (génotoxicité) et constata que, contrairement à *Radiation Research*, beaucoup d'autres revues scientifiques avec comité de lecture n'avaient eu aucun mal à trouver de très bons articles qui montraient cet effet.[68]

Presque toutes les études commanditées par l'industrie du téléphone portable ou par l'armée de l'air des Etats-Unis (32 sur 35) montrant les effets des micro-ondes sur l'ADN concluaient *à l'absence d'effet*, tandis que celles financées de manière indépendante (32 sur 37) concluaient, au contraire, *à l'existence d'un effet* des micro-ondes sur l'ADN (génotoxicité).[69]

4) Anke Huss et quatre autres chercheurs ont examiné le lien entre l'origine de leur financement et les résultats de 59 études expérimentales ayant pour objet différents effets éventuels de l'utilisation des téléphones portables sur la santé.[70] Les effets sur les électro-encéphalogrammes, les fonctions cognitives ou cardiovasculaires, les niveaux hormonaux et les

---

[67] Morgan, L. L., "Estimating the risk of brain tumors from cellphone use : Published case-control studies", *op. cit.*, p. 142).
[68] Slesin, L., « "Radiation Research" and The Cult of Negative Studies », *Microwave News*, vol. XXVI, n° 4, July 2006, p. 1-5.
[69] Slesin, L. « "Radiation Research" and The Cult of Negative Studies », *ibid*.
[70] Huss, A., Egger, M., Hug, K., Huwiler-Münstener, K., Röösli, M., « Source of Funding and Results of Studies of Health Effects of Mobile Phone Use: Systematic Review of Experimental Studies », *Environmental Health Perspectives*, vol. 115, number 1, January 2007, p. 1-4.

sensations subjectives de bien-être étaient mesurés. Les auteurs précisent qu'ils n'ont pas inclus les études épidémiologiques, car elles étaient pratiquement toutes financées au moyen de fonds publics.

Jean Pilette a résumé les principaux résultats obtenus par ces cinq chercheurs en extrayant d'un grand tableau, publié par ces auteurs, quelques chiffres qui font clairement apparaître l'importance de l'origine du financement : 45,5% des études expérimentales financées par des organismes publics ou caritatifs et 8,3% seulement des études commanditées par l'industrie des télécommunications montraient l'existence d'un effet biologique.[71]

Par ailleurs, la qualité méthodologique des études, évaluée par les cinq auteurs de la comparaison, n'était pas la même selon l'origine des financements : celles dont le financement était mixte (donc comprenant un financement public ou provenant d'un organisme caritatif) étaient les meilleures du point de vue de la méthodologie utilisée, et celles qui n'indiquaient pas l'origine de leurs fonds, les plus mauvaises.

Plus généralement, de nombreuses études ont montré l'importance du lien entre les résultats des recherches et leur mode de financement. L. Lloyd Morgan dit que le biais qui en résulte se retrouve dans tous les domaines de la science. Le 30 novembre 2008, une recherche effectuée sur Amazon des *ouvrages* ayant pour sujet le « biais de financement en science » a fourni 86 titres[72].

---

[71] Pilette, J., *Antennes de téléphonie mobile, technologies sans fil et santé*, Nouvelle édition du 06/11/2008, p. 66, consulté le 17/09/2009.
[72] Morgan, L. L., "Estimating the risk of brain tumors from cellphone use : Published case-control studies", *op. cit.*, p. 143.

Les chercheurs au-dessus de tout soupçon ?

Dans une longue lettre adressée aux responsables d'un numéro spécial de l'*International Journal of Occupational and Environmental Health* (IJOEH) consacré à la corruption de la science par les grandes entreprises, D. J. Paustenbach (le directeur d'un organisme qui s'occupe des risques chimiques) écrit que ce numéro spécial de l'IJOEH n'adhère pas à la tradition bien établie des chercheurs selon laquelle on peut ne pas être d'accord avec la manière dont un autre chercheur interprète les données, mais on ne peut mettre en cause les motivations d'un individu.[73]

Outre le fait que la découverte de la vérité constitue, pour beaucoup de chercheurs, une motivation essentielle, voire indispensable, le tabou tel qu'il est énoncé par Paustenbach, est une norme sociale (corporatiste et politique) contraire à la logique scientifique la plus élémentaire qui exige le respect absolu des faits, de tous les faits. Or, le mensonge et la fraude scientifique sont des faits, et même une réalité sociale plus ou moins banale selon les circonstances, et il est paradoxal d'affirmer que le comportement de celui qui a le respect des faits pour règle ne saurait être examiné à la lumière des faits.

Prétendre qu'il faut agir et raisonner comme si le mensonge et la fraude n'existaient pas est, du point de vue de la logique scientifique, une absurdité. Les scientifiques seraient en quelque sorte, sinon au-dessus de tout soupçon, du moins à l'abri du soupçon de tenir, dans leur domaine de compétence, des propos qu'ils savent être inexacts. Si la « tradition bien établie » invoquée par Paustenbach était respectée, elle signifierait que les scientifiques produisent non des connaissances, mais des fictions. En outre, elle encouragerait la fraude puisque, personne ne pouvant ni les accuser, ni même les soupçonner, les scientifiques pourraient frauder à leur guise.

---

[73] Paustenbach, D. J., "Letters", *International Journal of Occupational and Environmental Health*, vol. 12, n° 3, juillet-septembre 2006, p. 290-292.

Paustenbach déplore aussi que le numéro spécial de l'*International Journal of Occupational and Environmental Health* dénigre la réputation des publications scientifiques et médicales. Il est clair que le fait de montrer que des scientifiques trompent ou se trompent n'est pas favorable à la réputation de ces scientifiques, des publications scientifiques qui ont présenté les textes concernés, et même des scientifiques en général. Mais, si l'on prend en compte la science normative, si l'on considère que l'essentiel, en sciences, est le respect des faits et la connaissance de la réalité et non l'image fournie au lecteur, alors la dénonciation des erreurs, des biais et des fraudes est indispensable et fait pleinement partie de la science. C'est lorsque des erreurs ou des affirmations fausses ne sont pas relevées mais acceptées comme argent comptant, que la science est atteinte dans son essence même.

Ceux qui signalent les erreurs et les fraudes servent la science et complètent le travail des auteurs de découvertes. Ils valorisent la science en séparant le bon grain de l'ivraie. La seule vraie question est de savoir si les critiques sont fondées. Or, comme le remarquent Egilman et Bohme dans leur réponse à la lettre de Paustenbach, ce dernier ne mentionne pas un seul exemple d'erreur factuelle ou méthodologique figurant dans les 120 pages du numéro spécial qu'il critique.[74]

Publicité et information

En montrant des produits dont les emballages étaient uniformément blancs et vierges de toute inscription, une campagne de publicité pour la publicité avait, dans les années 70, tenté de convaincre les consommateurs qu'un monde sans publicité était un monde sans information. Or, un monde sans publicité pourrait être un monde dans lequel une information fiable, utile et aisément accessible quand on en a besoin, remplacerait l'information intéressée, souvent intempestive et de

---

[74] Egilman, D. S., Bohme, S.R., "In reply", *International Journal of Occupational and Environmental Health*, vol. 12, n° 3, juillet-septembre 2006, p. 292-293.

nature à induire en erreur, fournie par les publicitaires. Les achats des consommateurs et la concurrence entre fabricants pourraient alors être fondés sur les prix et sur la qualité réelle des produits et des services plutôt que sur le discours de ceux qui les vendent.

Certains économistes libéraux ont critiqué la publicité sur la base de la théorie économique classique. Pour celle-ci, *l'homo œconomicus* est censé agir toujours de manière parfaitement rationnelle et informée afin d'obtenir à chaque instant le maximum de satisfaction, compte tenu des ressources limitées dont il dispose. Pour y parvenir, cet être abstrait serait, en tant que consommateur, toujours parfaitement informé non seulement des caractéristiques des produits, mais aussi de la nature et de la hiérarchie de ses propres besoins. Cette vision théorique de l'homme est aussi peu réaliste que celle d'une publicité purement informative. Quoiqu'il en soit, en cherchant à orienter la demande des consommateurs, la publicité tend, aux yeux de ces économistes, à fausser la rationalité des choix et, par conséquent, va à l'encontre de la satisfaction des besoins réels des consommateurs.

Dans un texte publié en 1997, le Vatican estime, au contraire, que la publicité aide les consommateurs à « prendre des décisions bien informées », qu'elle est « un rouage nécessaire au fonctionnement des économies modernes de marché », qu'elle stimule le progrès économique et la création d'emplois.[75] Analysant ce document, François Brune constate qu'il dénonce la publicité dans ses abus mais la légitime pleinement dans son principe. Or, il existe de nombreuses raisons de mettre en cause tant son principe que ses abus.

La publicité réunit un certain nombre des défauts majeurs de notre système d'information. En ne donnant la parole qu'à ceux qui ont de l'argent, voire beaucoup d'argent, et en leur

---

[75] Document *Ethique et publicité* (*La Croix*, 27 février 1997) analysé par François Brune, « Le Vatican absout la publicité », *Le Monde diplomatique*, avril 1997.

permettant de parler d'autant plus fort qu'ils peuvent payer davantage, elle est foncièrement anti-démocratique et substitue la logique de l'argent à la logique de la vérité.

Parce qu'elle provient d'une source qui est partie prenante dans les questions sur lesquelles elle « informe », la publicité est, par nature, contraire au principe fondamental d'une information fiable –, l'indépendance. Elle est, en pratique, une forme légale de corruption de l'information par l'argent. Partielle et partiale, elle ne parle généralement des défauts et des risques éventuels que présentent les produits que lorsqu'elle y est obligée par la loi. La publicité participe à la sous-information générale par le biais de la surinformation apparente qui masque l'absence d'information exacte et utile.

Comme il n'y a pas de « droit de réponse » à la publicité, celle-ci détient un quasi-monopole de fait. « Il n'y a pas d'espace médiatique pour un discours critique. Personne n'ira demander dix minutes par heure sur le petit écran pour exprimer son désaccord sur les modèles d'existence prônés par la publicité. Ni la femme maltraitée dans l'image donnée d'elle, ni l'enfant frustré par l'achat qui n'a pas tenu ses promesses, ni le travailleur insulté par la récupération caricaturale de son image, ni l'humaniste qui voit flétrir les valeurs auxquelles il croit, ne peuvent dénoncer hautement la violence morale qui leur est faite. »[76]

La corruption des médias par la publicité

Une partie plus ou moins importante, voire la totalité, des recettes de la plupart des journaux, des stations de radio et des chaînes de télévision provient de la publicité. Certains industriels ont donc tendance à considérer qu'ils subventionnent les médias, voire que ceux-ci doivent, en retour, faire preuve de reconnaissance à l'égard de ceux qui leur permettent d'exister. Ce point de vue est proclamé par un ancien directeur de

---

[76] Brune, F., « Un bonheur illusoire. Violence de l'idéologie publicitaire », *Le Monde diplomatique*, août 1995.

l'information de TF1 : « On ne peut pas cracher dans la soupe et passer à la caisse. »[77]

Président-directeur général de TF1, Patrick Le Lay a déclaré : « [...] pour qu'un message publicitaire soit perçu, il faut que le cerveau du téléspectateur soit disponible. Nos émissions ont pour vocation de le rendre disponible : c'est-à-dire de le divertir, de le préparer pour le rendre disponible entre deux messages. Ce que nous vendons à Coca-Cola, c'est du temps de cerveau humain disponible. »[78]

Le contrôle des médias par le biais des budgets publicitaires constitue la dimension cachée – soigneusement cachée – de la publicité, ainsi que la plus importante. Dans une proportion que l'on ignore car il s'agit d'une question taboue dont presque personne ne parle ouvertement, les annonceurs répartissent la « manne publicitaire » en fonction, notamment, de la docilité ou de l'attitude plus ou moins « amicale » des supports. Le plus souvent, ce n'est pas du tout ou rien – ce serait trop flagrant – mais se pratique à la manière des industriels qui contribuent parallèlement, mais non dans la même mesure, aux finances de plusieurs partis politiques en concurrence les uns avec les autres. De cette manière, ils « tiennent » plus ou moins les uns et les autres tout en favorisant leurs préférés.

On comprend mieux, dès lors, pourquoi, malgré l'importance des dépenses publicitaires (plusieurs milliards d'euros par an en France), on ne sait – officiellement – presque rien de ses effets.[79] Des effets qui paraissent parfois fort

---

[77] Cité par Halimi, S. « La publicité, c'est la liberté », *Le Monde diplomatique*, juin 1997.
[78] Propos recueilli dans *Les Dirigeants français et le changement*, collectif d'auteurs, éditions Huitième Jour, 2004, *Wikipedia*, « Patrick Le Lay », consulté le 03/04/2011.
[79] Marcus-Steiff, J., « Les effets de la publicité sur les ventes. Quelques résultats de l'analyse des données "naturelles" », *Revue française de sociologie*, juillet-septembre 1969, p. 279-311 ; « A propos des effets de la publicité sur les ventes », *Communications*, 17, 1971, p. 3-28 ; « Publicité », *Encyclopaedia Universalis*, 13, 1972, p. 798-803 ; "Economic and social

différents de ceux qu'on lui attribue. Comme dans l'histoire de cet industriel qui, rencontrant un autre chef d'entreprise, lui demande si sa publicité est efficace :

— Certainement, répond celui-ci. Ainsi, l'autre jour, nous avons mis une petite annonce pour trouver un veilleur de nuit et, le soir même, nous avons été cambriolés.

Charles K. Ramond, qui fut, à New York, le directeur technique de l'*Advertising Research Foundation* (Fondation pour la recherche en publicité) a déclaré : « Procéder à des recherches destinées à évaluer de façon adéquate l'efficacité de la publicité n'a pas toujours été dans l'intérêt de l'agence de publicité. »[80]

On rapporte par ailleurs le mot du fondateur du *Figaro*, Jean Cartier de Villemessant (1812-1879) qui aurait, un jour, brandi un exemplaire du *Figaro* en s'écriant : « Voilà le meilleur numéro que nous ayons jamais eu : pas une ligne qui ne soit payée ! » En 1973, la revue professionnelle *Stratégies* écrivait que les annonceurs « savent parfaitement qu'à chaque ligne de la rédaction, ce sont eux qui interviennent, malgré la traditionnelle mention "cette rubrique est libre de toute publicité" […] il y a là un véritable problème de l'information. Celui qui en douterait mettrait des œillères une fois pour toutes. »[81]

En 1972, l'Association des Journalistes économiques et financiers (AJEF) a publié un document intitulé *Les atteintes à la liberté des journalistes* qui fournit de nombreux exemples (comportant les noms des supports et des annonceurs) de

---

effects of advertising. Some tentative conclusions", *Second Workshop on Consumer Action Research*, Science Center Berlin, April 9-12, 1975 ; « Une utilité contestable », *Le Monde*, 24-25 mai 1977.

[80] Ramond, C.K., "Advertising Research", *in International Encyclopedia of the Social Sciences*, Macmillan and Free Press, volume 1, 1968, p. 111-116.

[81] « Les centrales d'achat : mal nécessaire ou remède miracle ? », *Stratégies*, N° 50, 15/10/1973, p. 20-53 (pagination discontinue) [Paru dans le cadre d'un dossier plus vaste, cet article n'est pas signé].

« contrats de publicité résiliés ou suspendus à cause d'un article ou d'une émission peu "amicale" envers un annonceur »[82].

Vingt-cinq ans plus tard, Serge Halimi remarque que l'époque où un industriel sanctionnait *après coup* un média qui s'était permis de critiquer l'un de ses produits était révolue : la censure est devenue *préalable*. Citant un article paru dans le *Wall Street Journal*[83], il mentionne Pentacom, l'agent publicitaire de Chrysler, qui a envoyé à plus de cent publications une lettre exigeant que : « Chrysler soit alerté de tout article à contenu sexuel, politique, social, ou de tout éditorial qui pourrait être jugé provocateur ou choquant. Pour chaque numéro à venir dans lequel des publicités de Chrysler sont prévues, on devra présenter le résumé écrit de chacun des articles principaux. Ces résumés seront envoyés à Pentacom avant tout bouclage du journal afin que Chrysler ait le temps de remettre en cause ou de différer la publication de ses annonces. »[84]

Les informations censurées à l'insu des lecteurs et les articles de complaisance publiés pour obtenir ou conserver un budget publicitaire ne touchent pas seulement des produits et des marques, mais également de nombreux faits et événements susceptibles de porter atteinte aux intérêts d'un producteur ou d'un distributeur. Or, c'est avec l'argent des consommateurs que les fabricants « achètent » l'indépendance des moyens de communication de masse (le prix de la publicité est inclus dans celui des produits).

Le texte sur la publicité publié par le Vatican en 1997 va, sur ce point, encore plus loin que certains défenseurs de la publicité

---

[82] Association des Journalistes économiques et financiers (AJEF), *Les atteintes à la liberté des journalistes*, Août 1972. Le fait que l'adresse à laquelle on pouvait se procurer cette brochure (93 rue de Rivoli, 75001 Paris) était, à l'époque, celle du Ministère des Finances indique, semble-t-il, que les auteurs de ce document ont pris de sérieuses précautions pour éviter les représailles.
[83] Knecht, B., "Magazine Advertisers Demand Prior Notice of Offensive Articles", *The Wall Street Journal*, New York, 30 avril 1997.
[84] Halimi, S., *op. cit.*

puisqu'il estime que, « en raison du poids de la publicité sur les médias qui en dépendent pour leurs revenus, les publicitaires sont en mesure d'exercer une influence bienfaisante sur les décisions concernant les contenus médiatiques »[85]. Autrement dit, le Vatican estime que les budgets répartis par les publicitaires peuvent permettre à ces derniers d'exercer une influence sur « les contenus médiatiques », mais ne voit dans ce pouvoir que ses effets bénéfiques et non ses effets sur les prix et sur la qualité des produits comme sur l'indépendance des médias. Convergence des intérêts entre pouvoirs qui s'entendent en tant que membres de l'*establishment* et de l'ordre établi ? Ou désir du Vatican de justifier l'utilisation à son profit (envisagée dans le même document) du pouvoir attribué à la publicité ? Président du Conseil pontifical, Mgr Foley a même déclaré : « Jésus lui-même a fait de la publicité »[86].

Une question morale et politique

En conclusion, il résulte de cette analyse qu'une grande partie de l'information qui nous parvient n'est pas fiable. L'ambiguïté du mot « information » et celle d'expressions comme « théorie de l'information » et « société de l'information » contribuent à l'opacité et à la confusion qui règnent en la matière et empêchent de poser et de penser clairement les problèmes de l'information.

Cette opacité et cette confusion procèdent essentiellement de l'opposition entre la logique de la vérité et la logique des acteurs. Chacun peut dire ce qu'il sait ou ce qu'il a intérêt à dire. En d'autres termes, il y a des enjeux et les acteurs sont souvent partie prenante dans ces enjeux et dans les questions sur lesquelles ils « informent ». Il est plus facile de croire et de dire qu'un médicament est efficace et sans danger que d'en découvrir un qui soit réellement efficace et sans danger.

---

[85] Document *Ethique et publicité*, *op. cit.*
[86] Brune, F., « Le Vatican absout la publicité », *op. cit.*

Prêché et justifié par Milton Friedman, l'égoïsme sans limites et sans scrupules des multinationales se traduit, dans le domaine de l'information, par une règle du jeu fort simple : disposer du maximum d'information fiable pour soi-même et laisser l'autre dans l'ignorance, voire exploiter son ignorance et l'induire en erreur.

A l'inverse, la solidarité, la générosité, la passion de la vérité et de l'intérêt général dominent chez d'autres acteurs. Chacun est responsable en proportion de son pouvoir, et les dirigeants qui sont aux commandes agissent en principe de manière délibérée. Les salariés, en revanche, sont plus ou moins contraints, et généralement plus que moins. Ils risquent des sanctions, voire un licenciement, et ne peuvent souvent que se plier aux ordres et se taire. Lorsque la santé publique est en cause, ou une catastrophe menace, quelques médecins ou scientifiques, appelés lanceurs d'alerte, placent leur conscience et l'intérêt général avant celui de leur patron et de leur entreprise ou de leur administration, et dénoncent le risque ou la corruption en mettant en garde les citoyens. Il s'agit d'une forme relativement nouvelle de dissidence contre « le système »[87]. En somme, il y a ceux qui veulent savoir et faire savoir, ceux qui préfèrent ne pas savoir, et ceux qui ne veulent pas que les autres sachent.

L'homme contemporain se distingue de ses prédécesseurs par sa formidable aptitude à créer, à transformer, à transmettre et à conserver l'information. Le traitement de l'information – pour utiliser un terme général désignant tout ce qui peut être codé sous forme de 0 et de 1 –, est devenu « la principale activité d'une économie qui, autrefois, a consacré l'essentiel de son énergie d'abord au travail de la terre, puis à la fabrication

---

[87] Nader, R., Petkas, P., and Blackwell, K., (dirs.), *Whistle Blowing*, New York, Grossman/Bantam Books, 1972.

des produits »[88]. Or, la société de l'information n'en est, apparemment, qu'à ses débuts.

Nous dépendons de l'information qui nous parvient et de celle que nous obtenons. Tout ce que nous faisons, ou presque, repose sur la qualité de notre information. Nos connaissances représentent un bien commun, au même titre que la liberté et les droits de l'homme. La science s'est constituée grâce à la coopération des scientifiques qui, pendant des siècles, ont partagé et accumulé des connaissances.

Le droit à l'information fiable est nécessaire à l'exercice de tous les autres droits et libertés. Or, la fiabilité de l'information suppose son indépendance. Il est essentiel et urgent que les citoyens et les consommateurs gagnent le contrôle du système d'information. Ce n'est pas sans raison que les dominants ont acquis le capital de la quasi-totalité des entreprises de presse et utilisent, pour les contrôler, les milliards des budgets publicitaires.

Les citoyens disposent, individuellement et collectivement, de différents moyens d'action : la prise de parole, les grèves, les manifestations, la désobéissance civile[89], les grèves de la faim[90], les actions en justice (procès), les élections et leur portefeuille. Ne serait-ce que pour acheter de préférence des produits qui ne font pas ou qui font peu de publicité et des

---

[88] Cater, D., "The Information Society. The Survival of Human Values", *Journal of Communication*, *31*, 1, hiver 1981, p. 190.
[89] Simon, S., *La désobéissance civile,* <www.next-up.org/pdf/Sylvie_Simon_ La_Lettre_La_désobeissance_Civile_30_01_2011.pdf-Windows Internet Explorer>.
[90] SFR voulait installer des antennes-relais en Vendée, dans une zone refuge naturelle (« zone blanche ») utilisée par des personnes électrohypersensibles pour séjourner, se protéger et se ressourcer. En août 2011, trois femmes ont entamé une grève de la faim pour s'opposer à cette irradiation artificielle par micro-ondes (16 août 2011, news, <next-up.org/France/EHS_Grève_de_la_ faim.php>). La grève a été suspendue au bout de quelques jours à la suite, semble-t-il, de pourparlers avec SFR et la municipalité. Les informations concernant cette grève ont alors disparu du site de next-up.

journaux qui n'ont pas ou qui ont peu de publicité. « Un autre monde ne sera possible qu'avec une autre information. »[91]

Il y a plus de deux siècles, le pouvoir législatif a été séparé du pouvoir exécutif et du pouvoir judiciaire. Il est grand temps que, dans la société dite de l'information, le pouvoir d'informer devienne indépendant de tous les autres pouvoirs. Il n'y a ni science, ni justice, ni démocratie, sans information fiable.

---

[91] Savio, R. (un des organisateurs du Forum social mondial de Porto Alegro, 31 janvier-5 février 2002), cité par Stéphane Mandard, « Inventer une autre société de l'information », *Le Monde*, 27-28/01/2002.

TABLE

Finalités et modalités de la production des contenus de l'information 11
Information en soi, information pour soi et information pour autrui 12
Mensonge et mauvaise foi 17
Le contrôle du système d'information 18
Une doctrine criminelle 21
« Une fraude scientifique sans précédent » 24
La controverse autour du risque sanitaire de la téléphonie mobile 26
Certitude et probabilité. 30
Une étude fort peu scientifique 31
Les 11 défauts de l'étude Interphone 32
Quand l'article imprimé dit blanc, et l'appendice, publié sur son site internet, dit noir. 35
Les liens entre les résultats des recherches et l'origine de leur financement. 37
Les chercheurs au-dessus de tout soupçon ? 41
Publicité et information 42
La corruption des médias par la publicité 44
Une question morale et politique 48

L'HARMATTAN, ITALIA
Via Degli Artisti 15; 10124 Torino

L'HARMATTAN HONGRIE
Könyvesbolt ; Kossuth L. u. 14-16
1053 Budapest

L'HARMATTAN BURKINA FASO
Avenue Mohamar Kadhafi (Ouaga 2000) – à 200 m du pont échangeur
12 BP 226 OUAGADOUGOU
(00226) 50 37 54 36
harmattanburkina@yahoo.fr

ESPACE L'HARMATTAN KINSHASA
Faculté des Sciences sociales,
politiques et administratives
BP243, KIN XI
Université de Kinshasa

L'HARMATTAN CONGO
67, av. E. P. Lumumba
Bât. – Congo Pharmacie (Bib. Nat.)
BP2874 Brazzaville
harmattan.congo@yahoo.fr

L'HARMATTAN GUINÉE
Almamya Rue KA 028, en face du restaurant Le Cèdre
OKB agency BP 3470 Conakry
(00224) 60 20 85 08
harmattanguinee@yahoo.fr

L'HARMATTAN CÔTE D'IVOIRE
M. Etien N'dah Ahmon
Résidence Karl / cité des arts
Abidjan-Cocody 03 BP 1588 Abidjan 03
(00225) 05 77 87 31

L'HARMATTAN MAURITANIE
Espace El Kettab du livre francophone
N° 472 avenue du Palais des Congrès
BP 316 Nouakchott
(00222) 63 25 980

L'HARMATTAN CAMEROUN
BP 11486
Face à la SNI, immeuble Don Bosco
Yaoundé
(00237) 99 76 61 66
harmattancam@yahoo.fr

L'HARMATTAN SÉNÉGAL
« Villa Rose », rue de Diourbel X G, Point E
BP 45034 Dakar FANN
(00221) 33 825 98 58 / 77 242 25 08
senharmattan@gmail.com

651133 - Avril 2016
Achevé d'imprimer par